Versuch einer Antwort auf die Frage gibt es
Gespenster, Erscheinungen von Verstorbenen,
oder von Geistern an Lebende?

**Versuch einer Antwort auf die Frage gibt es Gespenster, Erscheinungen von Verstorbenen, oder von Geistern an Lebende?**

ISBN/EAN: 9783845743035

Erscheinungsjahr: 2012

Erscheinungsort: Bremen, Deutschland

© Unikum in Europäischer Hochschulverlag GmbH & Co. KG, Fahrenheitstr. 1, 28359 Bremen.
Alle Rechte beim Verlag und bei den jeweiligen Lizenzgebern.

www.unikum-verlag.de | office@unikum-verlag.de

Bei diesem Titel handelt es sich um den Nachdruck eines historischen, lange vergriffenen Buches. Da elektronische Druckvorlagen für diese Titel nicht existieren, musste auf alte Vorlagen zurückgegriffen werden. Hieraus zwangsläufig resultierende Qualitätsverluste bitten wir zu entschuldigen.

**Versuch einer Antwort auf die Frage gibt es Gespenster, Erscheinungen von Verstorbenen, oder von Geistern an Lebende?**

# Versuch

EINER

*ANTWORT AUF DIE FRAGE,*

GIEBT ES

# GESPENSTER,

ERSCHEINUNGEN VON VERSTORBENEN, ODER

VON GEISTERN AN LEBENDE?

*von Dr. J. H. A. H.* \* \* \*

Emmerich, gedruckt bei J. L. ROMEN.
1819.

## AN DEN LESER.

In der Voraussetzung in Dir einen Mann an zu treffen, dem entweder aus eigener Erfahrung bekannt ist, oder der sich von mir mag und will sagen lassen, dasz vornehm thun und vornehm seyn fast allezeit zwey ganz verschiedene Dinge sind; dasz daher nicht alles Auskehricht ist, was von gewissen vornehmen Leuten als solches zur Thür' oder zu den Fenstern, manchmal aus beiden zugleich, hinausgeworfen wird, in der Voraussetzung geneigter Leser! wag' ich es Dir in diesem Büchlein meine Antwort auf die alte Frage „ Giebt es Gespenster, Erscheinungen „ von Verstorbenen oder von Geistern an „ Lebende?" an zu bieten.

Die Achtung, welche ich Dir schuldig bin, und meine Aufrichtigkeit verbieten mir Dir dieselbe als eine von allen Seiten

vollständige, als eine Alles beantwortende
Antwort auf die vorliegende Frage an zu
preisen; meine (wie soll ich sie nennen?)
erlaubt mir dagegen auch nicht in derselben nur einen gänzlich mislungenen
Versuch zu sehen. Das Kürzeste und
Beste, sieh selbst was sie ist. Lies, un-
tersuch, prüfe! dadurch kommt man (nebenbey gesagt) fast immer auf seinem
Wege weiter und weiter, findet dabey recht
oft Dinge, welche man nicht suchte und
die doch des Aufhebens wohl werth sind.

Die vorbelobten vornehmen Leute meinen es wahrscheinlich bey dem Wegwer-
fen so übel nicht, als es scheinet. Leich-
sinn, Aufräumungssucht, Pocherey und
Aefferey (ich meine die Lüstchen dick zu
thun und mit zu machen) sind wohl die
meisten Mahle die ihrem Thun zum Grunde liegenden Triebfeder. Mutwill, Ueber-
mut, Trotz u. d. m. zeigen sich bey ihnen nur dann erst, wenn sie gereizt, dasz
ist, wenn sie auf ihr unbesonnenes, leicht-
fertiges oder unkluges, übermütiges Ver-

fahren aufmerksam gemacht, wenn sie
nicht für unfehlbar gehalten werden. Wir
wollen sie nicht, wenigstens nicht geflis-
sentlich, reizen, nur unsere Meinung sagen, unsere Ansichten von einem gewissen Dinge, welches sich unter ihrem Aus-
kericht befindet, angeben, und wenn es
sich finden sollte, dass es ein Perlchen,
oder ein Klümpchen Gold oder Silber,
oder so etwas dergleichen wäre, dasselbe
zeigen und für uns aufheben... Wollen
die mehrbesagten vornehmen Leute sich
daraus das eine oder andere Lectiönchen
für die Zukunft hinter die Ohren schrei-
ben, so soll uns das ihrentwegen recht
lieb seyn.

Uebrigens hab' ich Dir vom Büchlein
nichts, aber von mir selbst noch zu sagen, dasz ich deinem Urtheile über dasselbe mit einer Neugierde entgegensehe, die
mit der Wichtigkeit des Verhandelten und
der Achtung, wovon ich vorher sprach,
in einem genauen Verhältnisse steht.

Vale!

# VORREDE.

Die Frage ,, Giebt es Gespenster?" ist schon so oft gethan und beantwortet worden, dasz es scheinen könnte sie sey eine überflüssige, unnütz gewordene Frage. Mir kommt sie nicht so vor, und zwar darum nicht, weil sie noch immer ihre Bejaher und Verneiner hat. Davon kann nun freilich die Ursache auch da liegen, wo sie bey ähnlichen Gelegenheiten fast immer gefunden wird, nämlich im Abwägen der Gründe. Sie kann aber auch am Gewichte liegen. Die Frage mag daher von neuem, und so oft aufgeworfen werden, als das Erstere nicht allgemein bewiesen ist, und sich jemand findet, der im Stande zu seyn glaubet in die eine oder andere Schale neues Gewicht zu legen.

Es verstehet sich aber von selber, dasz das
Gewicht, wovon wir hier sprechen, wirkliches Gewicht, das ist, von der Art seyn
müsse, dasz es einen vernunftmässigen Glauben zu begründen vermöge. Denn wozu des
leeren Geschwätzes noch mehr, indem auch
selbst da schon Ueberfluss daran ist, wo
man es gar nicht suchen sollte?

Damit unser Glauben aber vernunftmässig
sey, sollte mit Recht nicht sowohl dasjenige,
was wir glauben, als vielmehr die Ursache,
warum, wir es glauben, sollten die Zeugnisse, worauf unser Glauben sich gründet,
den Gegenstand unserer Untersuchung ausmachen; denn wir finden die grössten Un-
wahrscheinlichkeiten recht oft und nur das
Unzulängliche niemals verwirklicht.

Dieses Letztere, das entweder gar nicht,
oder nicht genugsam Begründete, kann höchstens eine Vermutung beschönigen, kann
nur das Geglaubte einfältiger, dummer, un-
wissender, oder durch eigenen oder fremden
Betrug misleiteter, oder durch Vorurtheile
geblendeter, oder durch Leidenschaften hin-

gerissener Menschen, mit einem Worte, kann
nur der Antheil der Leichtgläubigkeit seyn.
Ein Ding aber bloss seiner Unwahrscheinlich-
keit, oder, noch schlimmer, seiner Unbe-
greiflichkeit wegen nicht glauben wollen, ist
S. V. plumper Aberwitz, oder verächtlicher,
weil übermütiger Unglauben.

Durch das eben Gesagte wollen wir indessen die Untersuchung des Objekts unseres
Glaubens nicht völlig ausgeschlossen wissen. Das wäre Versündigung an unserer
Vernunft, die uns doch auch um deswillen
gegeben ist, um durch sie die Dinge selbst
von einander zu unterscheiden, um dieselben
an ihr, als unserem Probierstein ab zu strei-
chen, und aus den zurückgebliebenen Stri-
chen ihren Werth, ihren Gehalt, ihre Wirklichkeit oder Unmöglichkeit kennen zu lernen. Der Gegenstand des Glaubens gehöret
daher umstreitig auch vor ihrem Richter-
stuhl, und darf und kann, in so fern er
mit ihr (mit der in ihr liegenden Ordnung
oder Wahrheit) im Wiederspruche steht,
von ihr nicht als wahr und demnach nicht

als glaubwürdig angenommen werden.

Weil aber wieder diese unsere Vernunft eben sowohl als alles andere in und an uns zu offenbar das Gepräge der Begränztheit an sich trägt, und das in ihr liegende oder aus ihr hervorgehende Licht nur einzelne, durch einen dicken Nebel hervorbrechende, Sonnenstrahlen sind, und sie sich deswegen ausser dieser Lichtsphäre überall mit Mutmassungen und Glauben, weil mit Zeichen und Zeugnissen behelfen muss, so dürfen wir von der anderen Seite das Aufseher- Führer- und Richteramt derselben nicht ausschlieszend machen, ihrem Gerichtsprengel selbst nicht einmahl eine allzu grosse Ausdehnung geben. Oder mit anderen Worten: die Vernunft ist, so weit sie den Weg weis, eine gute Wegweiserinn; wo sie aber denselben nicht mehr weis, da weis sie ihn nicht und darf ihn also nicht zeigen wollen. Sie ist eine gute Richterinn; wo sie sich aber an Dinge waget, die auszer ihrer Sphäre liegen, die ihr fremd sind, sich mit diesen Dingen in Beziehungen setzet, sie mit und

2

an sich selbst vergleichet und abmisst, und
auf diese Beziehungen, Vergleichungen und
Abmessungen sich stützend Urtheile fället,
da ist sie (weil es ihr dabey überall an
einer sicheren Bürgschaft gebricht, dasz sie
sich nicht auf irgend eine irrige Suppositi-
on fusset) jederzeit in Gefahr Misgriffe zu
thun, und ihre Urtheile sind höchstens nur
als ein *calculus approximativus* an zu sehen.
Denn obwohl dasjenige, was wir unsere
Wahrheitskriterien nennen, Maſsstäbe oder
Normen sind, die sich unserer Vernunft aus
ihrer Selbstanschauung (aus der Anschauung ihres eigenen Wesens, oder näher, aus
der Anschauung und Auffassung der in ihrem Wesen liegenden Einheit und Ordnung)
ergeben, und eben deswegen an sich selbst
völlig zuverlässig seyn müssen, so können
die darauf gebauten Urtheile doch nur in so
weit richtig seyn, als die Anwendung, welche von diesen Maſsstäben oder Normen gemacht wird, behutsam gemacht wird, nur
in so weit die Vernunft bey ihren Vergleichungen und Abmessungen von aller An-

massung, Uebereilung und Befangenheit frey
ist, nur in so weit als das Verhältniss, welches zwischen den zu vergleichenden Dingen (der Vernunft selbst nämlich und den
in Frage stehenden Dingen) angenommen
wird, wirklich bestehet und richtig aufge-
fasst und abgemessen ist.
Das heisst

» wir sind (geben wir uns den glimpf-
» lichsten Namen) wir sind leichtsinnige
» Kinder, unbesonnene Waghälse, wann
» wir das Unwahrscheinliche darum für
» unwahr halten, weil es uns unwahr-
» scheinlich ist.”

Das heisst

» wir handeln unklug, wenn wir das
» Unbegreifliche darum für ungereimt,
» wiedersprechend, oder unmöglich aus-
» geben, weil es unbegreiflich ist; weil
» wir alsdann unsere kleine Mafsstäbe an
» das Grosse, Unermessliche, oder auch,
» wenn man will, unsere grosse Mafs-
» stäbe an das Unerreichbare anlegen und
» darnach urtheilen.”

Als Vorrede, oder Einleitung zum Folgenden, mag das bisher Gesagte genug, und
dürfte, wie uns dünkt, nicht undienlich seyn.
Wir fühlen sehr gut, dasz wir — wir uns
selbst hier auch unsere Gränze gezogen, uns
selbst unser Mass gesetzt haben.

### Giebt es Gespenster, Geistererschei-
### nungen, Wiedererscheinungen von
### Verstorbenen an Lebende?

## 1.

Man spare das Lachen und Hohnlächeln,
wozu man durch die vorstehende Frage
berechtigt, vielleicht gar aufgefodert zu
seyn glaubt. Sie ist eine wichtigere und
uns in mancher Hinsicht näher angehende
Frage, als mancher sich wohl einbilden
mag. Wo es gilt, da lache ich gerne mit.
Ich wiederhohle daher meine Frage. Giebt
es Gespenster, Geistererscheinungen?

## 2.

Wer darf diese Frage wohl schlechtweg,
entscheidend bejahen, oder verneinen?

Nur die Lacher werden Dieses, und
nur der grosse Haufen wird Jenes thun.

Bey den Ersteren aber verlieret, und
bey den Letzteren gewinnet man nichts; denn

*Die Lacher lachen*, weil ihnen gesagt ist, dasz man an Gespenster, an Geister-erscheinungen nicht glauben müsse, und weil sie bey sich selbst fühlen, nichts Ge-mächlicheres und nichts Entscheidenderes, oder auch nichts Unschuldigeres thun zu können, als darüber zu lachen. Nichts *Gemächlicheres*, wenn sie arme, einfälti-ge oder leichtsinnige; nichts *Entscheiden-deres*, wenn sie aufgeblasene; nichts *Un-schuldigeres*, wenn sie gutmütige, eselhaf-te Sünder sind.

*Der grosse Haufen* sagt dagegen: *ja es giebt Gespenster*, weil seine durch Furcht beständig wach gehaltene Einbildungskraft ihm überall, selbst in seinem eigenen Schat-ten, und im Tritte seiner eigenen Füsse Ge-spenster sehen und hören läszt.

### 3.

Auf beiden Seiten ist, wie man sieht, für den Forscher nicht viel Unterricht, ge-wisz keine sichere Kunde zu erwarten.

Indessen hat (unparteylich von der Sa-

che gesprochen) der Letztere, der Haufen,
dabey doch über die Ersten einen gewissen
und zwar sehr bemerkenswerthen Vortheil, ich meine den Vortheil, den Lachern zuversichtlich eine grosse Wette setzen zu dürfen, die Unmöglichkeit der Geistererscheinungen dar zu thun, und dagegen von seiner Seite die Möglichkeit derselben beweisen zu können.

4.

Man erlaube, dasz wir uns einige Augenblicke für seinen Sprecher oder Sachwalter ansehen: wir werden diese Gefälligkeit durch Bescheidenheit und getreues Aufsuchen der Wahrheit zu erwiederen suchen.

# ERSTER ABSCHNITT.

### Sind Geistererscheinungen möglich?

### I.

So nothwendig es sonst überall bey Un-
tersuchungen, Abhandlungen u. d. m. seyn
mag dem Leser oder Zuhörer gleich anfangs
zu sagen, welche Begriffe wir den Worten,
Zeichen, derer wir uns dabey bedienen wollen, unterlegen, so können wir hier, dünkt
uns, als bekannt voraussetzen, was wir unter den Worten *Geist*, *Gespenst*, *Geistererscheinung* verstehen. Denn man scheinet
von beiden Seiten über den Sinn dieser Worte, über die Sache selbst, völlig einverstan-
den, und nur über die Wirklichkeit dieser
Letzteren verschiedener, selbst entgegenge-
setzter Meinung zu seyn. Schreiten wir daher jetzt gleich zur Untersuchung der eben
erwähnten Wirklichkeit. Der Leser wolle
indessen dabey nicht vergessen, dasz wir

für unseren Clienten nichts weiter als die
Möglichkeit der Geistererscheinungen zu zeigen übernommen haben.

2.

Diese Möglichkeit ergiebt sich:
I. aus dem Wesen unserer Seele und zwar
aus ihrer Unsterblichkeit, oder vielmehr
aus den diesem Prädikate unterliegenden
Bedingungen.
Unsere Seelen sind ein einfaches, auf
sich bestehendes, unvergängliches, unsterb-
liches Wesen; — wo und auf welche Art
und in welcher Verbindung und Beziehung,
*erstens*, unter und mit einander und *dann*
mit dem Weltall, besonders mit der Erde,
ihrer vormahligen Wohnung, diese unsere
Seelen nach der Trennung von ihren Leibern fortdauern, das ist, zu seyn, zu wirken fortfahren, das wissen wir zwar nicht
zu beantworten; es ist aber nothwendig,
dass sie zu wirken, und zwar in Gesell-
schaft, in Verbindung mit dem Geisterreiche zu wirken fortfahren; denn der Zu-

3

stand des blossen Seyns ohne Thätigkeit
(ohne aktive Mittheilung und so auch ohne passive Einwirkung) ist ein Unding:
wäre, wenn er bestehen könnte, nicht besser als wirkliche Vernichtung, wahres Aufhören, oder er wäre der Zustand der All-
genügsamkeit, der Unendlichkeit, der Gott-
heit.

Ich sagte so eben *fortfahren;* denn schon
alle diesseitige Verbindung (der Menschen
unter einander) ist im Grunde nichts anders
als Verbindung mit der Geister auf- wech-
selseitige Berührung derselben unter einander, wobey der Körper nur ein Mittelding,
ein Dollmetscher, eine Brücke ist.

II. aus dem Verhältnisse, worin die Seele
  zu- und der Verbindung, worin sie mit
  der Gesammtheit, mit den übrigen Geistern steht.

In der Geisterwelt kann kein Fürsichal-
leinbestehen, unter den Seelen keine totale
Trennung Statt haben. Oder sollte die Ordnung, die wir überall in der Körperwelt

antreffen, wohl in der Geisterwelt fehlen? Dort ein grösserer Zusammenhang (ein nothwendigeres Bedingnisz * der Ordnung ) als hier bestehen? Oder, wie! sollten wir hier nur die Idee des Bestehens behalten dürfen, den Begriff der Gesammtheit und Einheit aber aufgeben müssen?— Wird vielleicht die Seele durch das Scheiden, durch die Trennung von ihrem Körper verkleinert, eingeenget, beschränket? — Ist disses Scheiden eine Ueberfahrt in ein Land, das nicht auf ihrer Charte steht? Die Ueberfahrt in eine neue, in eine ganz neue Welt? Oder ist es nicht vielmehr die Zurückkehr ins Vaterland nach einer langen, mühsehligen, gefahrvollen Reise? Nicht das Erwachen aus einem langen, beklemmenden, ängstigen Traume? Nicht die Loslassung eines Eingekerkerten? Die Befreiung eines Menschen aus der Sklaverey? — Konnte aber der Leib als Kerker, ihr den geistigen Anfflug über das Irdische,

---

* Man sehe am Ende unter den Anmerkungen N<sup>ro</sup> I.

das Sehnen nach dem Vaterland , der freund-
lichen Heimat ; nicht das Gefühl der Verwandtschaft, die fortdaurende Sympathie ,
das Gefühl der Verwandtschaft selbst mit
geahneten Wesen, mit Wesen höherer Art ,
konnte der Leib, sag' ich, der Seele das
Alles nicht benehmen , wie viel weniger wird
denn das nach der Trennung von ihrem Körper, nach der Erlösung aus ihrem Kerker
zu befürchten seyn? Wie viel mehr muss
sie alsdann nicht an Lauterkeit, Uneinge-
schränktheit, Freyheit und Kraft gewinnen
und also zur Mittheilung fähiger und für
die Einwirkung empfänglicher werden?—
Wie unverkennbar deuten aber das erwähnte Sehnen, der gedachte Aufflug nicht auf
eine Verkettung diesseits und jenseits , auf
eine Gesammtheit?

Man wolle nicht einwenden, dasz aber
die eingekerkerten eben deswegen, weil sie
eingekerkert sind, ausser aller Verbindung
mit den übrigen Gliedern der Ordnung, zu
welcher sie gehören, sich befinden, also, in
unserem Falle hier, auch keine Einwirkung

aus dem Geisterreiche erleiden können.

Wenn man dies hier aufgestellte Bild, welches unserer Einsicht nach, gleichend genug und darum vor uns schon oft aufgestellet ist, will gelten lassen, so ergiebt sich daraus nebenbey freilig wohl, dasz die Verbindung (was wir auch oben schon bewähren wollten) minder frey, die Verkettung minder fest, minder innig sey, als sie im entgegengesetzten Fall seyn würde; die Idee der Gesammtheit bleibt uns dabey indessen völlig unbenommen: wenigstens wird nicht alle Verbindung zwischen den Freyen und Eingekerkerten als aufgelöst angesehen werden können ohne die Letzteren für Wesen von einander ganz verschiedener Ordnung, für Wesen ganz anderer Art, das ist, für nicht geistige Wesen an zu sehen.

Die Möglichkeit der Geistererscheinungen findet

III. eine feste Stütze in dem allgmeinen, in dem zu allen Zeiten und unter allen Völkern verbreitenen Glauben an Geistererscheinungen, an ein wirkliches Verkehr der Geister mit den Menschen.

Die neuere und alte Geschichte liefert für die Wirklichkeit dieses Glaubens Beweise in grosser Menge. Denn (abgesehen von den Gespenster- und Erscheinungsgeschichten, die wir in den angesehensten Schriftstellern des Alterthums aufgezeichnet finden) was sind die Magie, die Geisterbeschwörungen, das Umrathfragen der Orakel u. d. m.; was die Genii und Lares u. s. w. u. s. w. anders, als Beweise für diesen Glauben? Und, was ist dieser Glauben selbst anders, als ein unwiederlegbarer Beweis, eine unumstössliche Befestigung der Möglichkeit des wechselseitigen Verkehrs der Geister mit den Menschen.

Allein die Einführung dieses Glaubens unter die Völker soll ein Staatskunstgriff, soll Priesterbetrug, oder, was weis ich, gewesen seyn? Gut: aber wie sollten die Gesetzgeber, Führer und Richter der Völker, und wie ihre Priester, und zwar schon,

welches ich wohl zu bemerken bitte, schon
so frühe, wohl auf solche schlaue und kräf-
tige Kunstgriffe, auf einen so meisterlich aus-
gesonnenen und durch seinen Zauber unwie-
derstehlichen Betrug gekommen seyn? Doch
das Alles hier zu gegeben; warum treffen
wir dann aber

IV. auch in den Schriften der erleuchtesten,
uneigennützigsten, weisesten Männer des
Altertums so viele und deutliche Spuren
dieses Pöbelglaubens an?

» Weil diese gute Leute in der Physik und
Pfychologi noch so weit zurück waren."
   Ey! Meine Herren, ziehen wir lieber ehr-
erbietig unsere Hüte ab, wenn von diesen
guten Leuten die Rede ist. Freilich war zur
Zeit dieser Männer Amerika noch nicht ent-
deckt; der Weg nach dem Orient um das
Vorgebirge der guten Hoffnung noch nicht
gefunden; waren Galiläi, Kepler, Newton,
Leibnitz, Büffon, Linne, Franklin, Kant,
Lavoisier und wie die grossen Männer mehr
heissen, noch nicht erschienen, kannte man

noch keine Gesetze der Schwere, keine Elek-
trizität, keinen Magnetismus, Perkinismus,
Galvanismus u. s. w.; aber wer mögte darum zögern an seinen Hut zu greifen, wenn
eines Pythogoras, Aristoteles, Sokrates,
Plato, Hippokrates u. s. w., u. s. w. er-
wähnet wird? Mögen diese Leute immer hier
und die Wirkung eines ihnen unbekannten
Agens aus einer verkehrten Quelle hergelei-
tet, einem unrechten Urheber zugeschrieben
haben; ihre Erklärungen von gewissen Erscheinungen auf gewagte, irrige Suppositio-
nen gebauet und darum mangel- und feh-
lerhaft seyn, so waren ihnen doch Arten op-
tischen und akustischen Betrugs genug bekannt, um nicht gleich zu glauben, was sie
hörten und sahen. Dabey waren sie auch
weit weniger, als wir, geneigt das Gehörte
und Gesehene gleich zu verkündigen. In
ihrem Innern loderte eine weit stärkere Glut
für's Schöne und Grosse, für Ordnung und
Einklang, als in uns. Was sie nicht wu-
sen, das wusten sie nicht, gerade wie wir.
Was sich aber ihrem Herzen oder ihren Sin-

nen darbot das fassten sie besser, reiner, richtiger, vollständiger auf, als wir, weil sie empfänglicher und aufmerksamer waren, als wir. Doch damit man uns nicht des Deklamirens beschuldige, so wollen wir unseren Ton ändern und uns an die Männer des Alterthums selbst, uns zu ihren Lehrgebäuden wenden.

Die Lehrgebäude derjenigen unter den heidnischen Philosophen, welche die Unsterblichkeit der Seele annahmen (und die Zahl der Anderen, welche den menschlichen Geist für ein zusammengesetztes, darum hinfälliges, zerstörbares Wesen ansahen ist in der That nicht grofs.) Diese Lehrgebäude, sag' ich, schliefsen die Möglichkeit der Wiedererscheinungen der Verstorbenen, oder der Erscheinungen der Geister überhaupt, hier auf Erden nicht nur eben so wenig aus, als die geoffenbarte Religion, sondern deuten vielmehr, wie sie (2) fast alle minder oder mehr auf eine ununterbrochene Kette, auf einen Zusammenhang des Geisterreiches diesseits und jenseits. Einen offenbaren Be-

weis dafür finden wir ( des Glaubens an ihre Orakel, des Glaubens des Sokrates an
seinen Dämon hier zu geschweigen ) finden
wir in dem, unter vielen grofsen Philosophen des Altertums, allgemein verbreiteten
Glauben an die Metempsychose, und in
verschiedenen von den Beweggründen, derer sie sich bedienten um ihren Schülern die
Nothwendigkeit der Sittlichkeit zu beweisen.

Glaubten und lehrten diese Männer nicht
alle, dafs sie in sichern Verhältnissen zu-,
in einer gewissen Verbindung mit den Geistern der Abgestorbenen ständen, dafs sie
unter der besonderen Obhut, unter dem besonderen Einflusse von Genien, und der Füh-
rung und Waltung der Unsterblichen lebten?

## ZWEYTER ABSCHNITT.

### Uebergang und Vorbereitung zum Folgenden.

### 1.

Es ist indessen nicht genug die Möglich-

keit der Geistererscheinungen, wie wir im
Vorigen gethan zu haben glauben, überhaupt
zu beweisen; wir müssen auch die Art, oder
Arten, worauf dieselbe Statt haben, an zu
geben, und in diesen Arten wirkliche Un-
gereimtheiten oder Widersprüche zu vermei-
den und scheinbare zu heben wissen. Sehen wir demnach auf wie viele und auf
welche Arten das Erscheinen eines Geistes
geschehen könne. Doch, ehe wir dazu über-
gehen, ein Wort über das Erscheinen, über
die Aeufserungen unseres eigenen Geistes,
über die Erscheinungen, die wir von unserem eigenen Geiste haben, oder die unser
eigene Geist von sich selber hat.

## 2.

*Auf welche Art erscheinet unser Geist*
*sich selber?*

Er erscheinet sich entweder an oder in
sich selber, oder in oder an einem Dinge,
welches nicht er selbst ist.

Das Erste geschieht, das ist, er erschei-

net sich in sich selber, wann er sich selbst
anschauet, sich selber denket u. s. w.

Das Zweyte findet Statt, wann er etwas wahrnimmt, das heifst, eine Veränderung in sich selbst spüret, wozu das Seyn
eines Dinges ausser ihm nothwendig ist,
weil er keinen Grund für diese Veränderung
in sich selber findet; wann sein Ich eine
Modification (ein Produkt, wovon er nur
eine mitwirkende Ursache ist) annimmt,
die er sich durch seine eigene Kraft nicht
geben kann, oder nicht gegeben hat.

Es mag aber geschehen wie es wolle,
in beiden Fällen sind das, wodurch er sich
selber erscheinet, Kräfte. Die Kräfte aber,
wodurch er dieses thut, bedürfen um eine
Wirkung hervor zu bringen, um sich in einer Aeufserung dar zu stellen, einer Gegenwirkung, einer anderen sich ihnen entge-
gensetzenden, ihnen Widerstand bietenden
Kraft.

Wann Dieses im ersten Falle, bey der
Selbstanschauung, nicht Statt zu haben
scheinet, so scheinet das nur so, und die

Schuld davon lieget in unserer Unaufmerk-
samkeit. Denn alsdann geschieht das Anschauen durch die Beschränkung des Geistes
auf sich selber, und diese durch das Ausschliefsen alles Desjenigen , was nicht er
selbst ist. Dieses Anschauen ist ein Erfolg
der Gegenwirkung, welche der Geist in den
ausgeschlossenen und beständig auszuschlie-
fsenden Dingen findet. (3.)

Im zweyten Falle ist es augenscheinlich,
dafs die Kraft des Geistes in einer anderen,
ausser ihm selbst liegenden, Kraft ihre Gegenwirkung findet.

In beiden Fällen ist also, wie schon gesagt, die Ursache der Wirkung und Gegenwirkung, und der aus beiden entstande-
nen Aeufserung, Kraft.

Diese Kraft ist nicht der Geist; sie ist
blofs eine ihm zugehörige Eigenschaft, nur
sein Organ, wenn man so sagen mag. Sie
ist noch weniger der Körper. Denn kein
Körper (Wenn wir einen solchen ohne Kraft
denken könnten) kann als Körper einem
Geiste Widerstand bieten. Er ist ein tod-

tes Wesen, ein Wesen, das für den Geist so gut als nicht da ist; weil sie beide, an und für sich selber, sich nicht unter einander berühren, keine Gemeinschaft mit einander haben können. Beide, Geist und Körper, wirken durch ihre Kräfte auf andere, ausser ihnen liegende, Kräfte und diese Kräfte wirken wieder auf ihre Kräfte zurück.

Wenn eine von diesen beiden Kräften, oder auch alle beide, durch ein *Medium*, einen Körper, ein Organ, gehen, so nehmen sie zwar eine Modification an, aber eine Modification, die ihnen nicht vom *Medio* selbst, sondern von den diesem Mitteldinge beywohnenden Kräften gegeben wird; sie selbst fahren darum des ungeachtet fort wechselweis auf einander und nicht auf das *Medium* zu wirken. Die Kraft des Ambosses widersteht der Kraft des auf ihn fallenden Hammers und treibt ihn zurück.

Eine einzelne Kraft kann keine wirkende Kraft seyn; sie ist nur als ein Vermögen, eine Fähigkeit an zu sehen. Um wirksam

zu seyn muſs etwas Thätiges, muſs eine
wirkende Kraft ihr gegenüber stehen, oder
besser, muſs die eine Kraft der anderen in
den Weg treten. Die Bedingung ihrer Aeuſserung, ihrer Wirksamkeit ist Gegenwirkung, oder Widerstand, ist das Daseyn
einer anderen wirkenden Kraft.

### 3.

### *Corollarien.*

1. Alles was der Geist thut und leidet, das
thut und leidet er vermittelst seiner Kräfte,
und eben so auch der Körper.

2. Die Kräfte bedürfen zur Hervorbringung
einer Wirkung, zu einer Aeuſserung ihrer selbst, ihnen entgegen wirkender Kräfte. So lange diese nicht da sind, giebt
es nur ein Können, Fähigkeiten, Anlagen.

3. Der Geist kann nicht in sich gehen,
nicht sich selbst anschauen, nicht zum
Bewustseyn seines eigenen Daseyns gelangen, ohne sich von allen ihn umgeben-
den Dingen aus zu schlieſsen, ohne sich

auf sich selbst, sein Ich, zu beschränken,
ohne seine Einheit von der Vielheit ab
zu sondern; und dieses kann er nicht,
ohne eine Gegenwirkung in einem Dinge,
das aufser ihm liegt, in einem Dinge,
das nicht er selbst ist, zu finden; weil
seine eigene Kraft durch die Gegenwirkung einer fremden zur Thätigkeit gebracht
werden mufs.

4. Dem Geiste bleibet nach der Trennung
von seinem Körper, nach seinem Hinschei-
den von der Erde, *entweder* keine andere Kraftäufserung, kein anderes Leben
übrig, als was ihm aus der Reproduction
seiner vormahligen Kraftäufserungen entstehen kann: das ist, er lebet nur in und
von blofsen Erinnerungen, *oder* ( um einen Genufs der Gegenwart und der Zukunft zu haben ) die Gemeinschaft, die
Verbindung mit anderen Wesen aufser
ihm dauert fort.

### 4.

Ich habe diesen Uebergang hier anbrin-

gen zu müssen geglaubt, um meine (ich
sage nicht *alle*) Leser auf einen gewissen
Standpunkt zu stellen, der ihnen die folgenden Dinge in einem Lichte sehen läſst,
worin sie dieselben auſserdem vielleicht nicht
gleich gesehen haben würden, und wodurch
ich vor der Gefahr verwahrt bleibe, verkehrt
verstanden zu werden. Ich gehe aber jetzt
gleich zur Angabe der Arten, wie die Geister erscheinen und bei ihren Erscheinungen
von uns vernommen werden, über.

## DRITTER ABSCHNITT.

*Von den Arten, wie die Geister er-*
*scheinen und bey ihrem Erscheinen*
*von uns vernommen werden.*

### 1.

Bey den Geistererscheinungen, bey den
Einwirkungen, die wir aus dem Geisterreiche erleiden, muſs zwischen uns und dem

5

erscheinenden Geiste eine Wechselwirkung,
eine Berührung Statt haben. Der Punkt
dieses Kontakts, oder der die Geister mit
uns in Verbindung bringenden Ringe ist entweder

1. Von beiden Seiten körperlich; oder er ist
2. dieses von unserer Seite nur allein; oder
   er ist
3. auf beiden Seiten blofs geistig,

## 2.

*Erste Art von Berührung.*

Tritt der erste Fall ein, nämlich, ist
der Berührungspunkt auf beiden Seiten körperlich, dann mufs der Geist, welcher von
uns vernommen wird, ein in die Sinne fal-
lendes Kleid angezogen, mufs, wie wir,
einen Körper haben.

## 3.

Hier bieten sich uns zu allernächst die
Fragen dar: ob der Geist, z. B. eines Verstorbenen, eine sinnliche Bekleidung annehmen könne, ohne uns durch dieses Bekleiden

Anlaſs zu dem Gedanken an eine förmliche
Wiedergeburt zu geben, das ist, ob er in
seinem Zustande der Abgeschiedenheit eine
sinnliche Bekleidung an zu nehmen und
wieder ab zu legen vermöge? Und ob er,
wann er zu dem erwähnten Bekleiden im
Stande ist, Stoff zum Bekleiden finden könne? Lasset uns sehen (im Fall wir diese
Fragen mit Ja beantworten) ob und welche Gründe wir zur Unterstützung und Befestigung dieser unserer Bejahung haben.

### 4.

Daſs der Geist ein Kleid, wie das eben
erwähnte, an zu ziehen im Stande sey, ist
darum (ich möchte fast sagen) auſser allem Zweifel, weil wir Menschen unseren
Empfindungen und Gedanken (auch geistige Wesen) sinnliche Kleider anziehen können und beständig anziehen. Das Wort,
welches wir sprechen, die Miene, welche
wir machen, der Buchstabe, welchen wir
zeichnen, sind das Bild, die Bekleidung
unserer Gedanken und Empfindungen, und
die Zeugen ihrer Gegenwart.

### 5.

Man wird sagen, daſs hier ein groſser
Unterschied obwalte, daſs wir nämlich zu
dem Bekleiden unserer Gedanken, unserer
Empfindungen, daſs wir zum Sprechen,
Zeichnen u. d. m. *unseres* Körpers, oder der
in *unserem* (4.) Körper liegenden Organe
bedürfen, daſs es im Geisterreiche aber keine Körper und keine Organe gebe.

### 6.

Lieſsen sich hierauf nicht mit Recht folgende Fragen thun! Wo ist das Geister-
reich? Gehöret dasselbe nicht mit der Körperwelt zu einem und demselben Ganzen?
Woher weis man, das den Geistern keine
Macht über die Körper, kein Einfluſs auf
dieselben bleibe? Was fehlet dem Geiste
um auf einen Körper zu wirken? Besitzet
er nicht das Vorzüglichste, was zur Hervorbringung einer Aeuſserung erfodert wird,
Kraft nämlich? Auf welche Weise gelanget unser Geist zu einer Verbindung mit

Dingen, die im Raum und in der Zeit liegen, er, dem nichts von Raum und Zeit
anklebt?

### 7.

Wir wollen einmal zugeben, daſs unsere Seele zu den erwähnten und anderen
ihnen gleichen Verrichtungen, zu ihren Aeuſserungen nicht ohne Organe fähig sey, so
ist es deswegen doch

1. nicht nothwendig, daſs sie jedesmal gerade diejenigen Orgàne gebrauche, deren
sie sich zu diesen Aeuſserungen gewöhn-
lich, selbst die meisten Mahle, im Zustande der Menschheit bedienet. Denn
dadurch, daſs das Organ, als Form,
als selbst Kraft besitzendes Wesen, die
auf dasselbe wirkende Kraft modificiret
und ihrer Aeuſserung dadurch jedesmal
ein verschiedenes, besonderes, eigenes
Ansehen giebt, wird die Möglichkeit nicht
aufgehoben, daſs dieselbe sich durch zwey
unter einander verschiedene Organe ungefähr auf dieselbe Art äuſsere, ungefähr.

dasselbe Produkt gebe. Ich sage hier nur *ungefähr*, und glaube damit auch genug zu sagen, denn niemand von uns wird bey einer Erscheinung von dem erscheinenden Geiste fodern, dafs er gerade denselben Körper wieder anziehe oder belebe, den er bey seinem Scheiden von dieser Erde abgeleget hat.

2. ist es auch unerweislich, dafs den Geistern, oder den Seelen nach der Trennung von ihren Leibern, zu ihren Offenbarungen oder Erscheinungen keine Organe zu Dienste stehen sollten.

## 8.

Von dem Erstern wollen wir hier ein Paar nicht unbekannte Beyspiele geben.

Der Bauchsprecher äufsert und zwar sehr vernehmbar und unterscheidend seine Gedanken und Empfindungen, ohne sich dazu der gewöhnlichen, wenigstens ohne sich dazu aller derjenigen Organe zu bedienen, die wir Andere bey ähnlichen Aeufserungen nicht entbehren können.

Der *Clairvoiant* nimmt seine Empfindungen durch ganz andere Organe, als wir, und was noch mehr sagen will, manchmal noch weit vollständiger und lebhafter auf, als wir.

In der Mühle (man stofse sich nicht an dieses und das gleich folgende Beyspiel) in der Mühle wird das Korn gemahlen, im Mörser gestampfet, und auf beiden Seiten ist das daraus hervorgehende Produkt Mehl.

Der Eine macht sich Feuer durch Aneinanderreibung zweyer harter Körper; der Zweite durch Hülfe eines Brennglases; der dritte durch Zusammenschüttung gewisser Flüssigkeiten, u. s. w.

## 9.

Im Betreff der Unerweislichkeit wollen wir unsere Widersprecher zur vorläufigen Beantwortung der in diesem Abschnitte unter (6) gemachten Fragen anhalten und unterdessen dem Urtheil des Lesers überlassen, ob im Gegentheil aus den sogleich anzuführenden Gründen sich nicht mit ziem-

licher Gewifsheit nachweisen lafse, dafs es
den Geistern und besonders dem menschlichen Geiste nach der Trennung von seinem
Körper nicht an Organen zu neuen sinnlichen Aeufserungen, zu Offenbarungen seiner
selbst fehlen könne.

### 10.

Aus dem, was wir so eben unter (8)
gesaget haben, erhellet, dafs die Kraft, um
ein sicheres Produkt zu geben, eine sichere, bestimmte Wirkung hervor zu bringen,
nicht allezeit eben desselben Organs bedürfe, sondern durch verschiedene Organe
eben dasselbe bewirken könne.

Wir wissen ferner, dafs, gleichwie das
Organ ohne die Kraft (oder die Form, durch
welche es Organ ist und als solches sein
Werk verrichtet) wie jedes Körperliche ein
träges, thätigkeitloses Wesen ist, es aber
jeder auf ihn wirkenden Kraft Raum giebt
und den Eindruck derselben, nach der Stär-
ke des Eindrucks und nach seiner eigenen
Receptivität, verhältnifsmäfsig aufnimmt.

Auch ist uns bekannt, dafs es in der ganzen Natur kein einziges Organ giebt, welches blofs zu einem einzigen Gebrauche zu einer einzigen Funktion bestimmt, und nicht nach Verschiedenheit der auf dasselbe wirkenden Kraft (von seinen gewöhnlichen) verschiedene Wirkungen hervor zu bringen im Stande ist und wirklich hervorbringt.

Da nun endlich die Kraft das belebende Wesen der Dinge, und der Geist eine vorzügliche Niederlage, der Vertheiler, Lenker der Kraft ist, so ist es nicht unwahrscheinlich, dafs der Geist nur seiner Willenskraft bedürfe um ein von ihm gewähltes Organ in eine Bewegung zu versetzen, die seinem sich vorgesetzten Zwecke entspricht, oder wodurch dieses Organ genöthiget wird sein Bild (5) wie ein Spiegel zurück zu glänzen.

Wenn ich hier sage wie ein Spiegel zurück zu glänzen, so kann und mufs diese Art von Erscheinung allerdings auch als eine blofs körperliche angesehen werden. Auf diese Art spiegelt die Sonne im glatten See und der Mond sich ab im ruhigen Teiche.

6

Zwar sind das, was wir alsdann sehen, nicht die Sonne und der Mond selbst; es sind nur ihre Bilder: aber diese Bilder sind doch sinnliche Wesen und zeigen uns die Sonne und den Mond.

## II.

Wer das im Vorigen Gesagte mit gehöriger Aufmerksamkeit gelesen, daran sein Nachdenken geübt und sich dabey die unter 6 gemachte zweite Frage, wie er muſs, beantwortet hat, der wird es nicht fremd finden, wenn wir jetzt weiter, als wir bisher zu thun wagten, mit ihm gehen, wenn wir ihm sagen dürfen, daſs es nicht nur nicht unwahrscheinlich, sondern selbst höchst wahrscheinlich ist, daſs es dem Geiste eines Verstorbenen, um in der Körperwelt wieder auf zu treten, unter der unbeschreiblich groſsen Anzahl von Spiegeln nicht an Spiegeln zum Abspiegeln, und unter der unzählbaren Menge von Stoffen nicht an Stoffen fehlen könne um sich daraus eine körperliche, selbst auch menschlich organisirte Kleidung zu verfertigen.

## 12.

Wir Menschen beschränken uns zu sehr auf das Gewöhnliche, auf den engen Kreis unserer Erfahrungen, und vermessen uns dabey nur zu leicht alles Dasjenige, was nicht daraus hergenommen ist, oder darin seine Bestätigung nicht findet, als etwas Unbegründetes, Unmögliches an zu sehen, obschon eben dieselbe Erfahrung uns fast alle Augenblicke zeiget, daſs ihr Gebiet sich je länger je mehr ausbreitet. Ja dieses Gebiet wird in den Augen aufmerksamer Beobachter so groſs, daſs sie sich gleichsam gezwungen sehen es für unermeſslich, grenzenlos zu halten und sich (dieses in Parenthese gesagt) durch dieses Dafürhalten sehr vortheilhaft von dem gelehrten und ungelehrten Pöbel unterscheiden.

## 13.

Die Frage, ob zu der oben erwähnten Abspiegelung, oder zu dem dort erwähnten Bekleiden das Gutfinden, oder die Zustim-

mung eines anderen höheren Wesens nöthig
sey, diese Frage können und müssen wir,
als nicht hierhin gehörend, hier sowohl als
bey den folgenden Arten von der Hand weisen. Kommen wir jetzt zur

## 14.

### *Zweiten Art von Berührung.*

Wenn wir annehmen, daſs bey einer
Geistererscheinung der Berührungspunkt von
unserer Seite allein körperlich ist, so hält es
freilig schwer die Art, worauf alsdann die
Berührung Statt hat, vollständig zu erklären. Diese Schwierigkeit und die daher zu
erwartende Unvollständigkeit hindert aber
weniger, als man sich vielleicht einbildet,
hindert nichts. Denn auch ist es bis hieran noch Niemanden gelungen das Verkehr
(*commercium*) der Seele mit dem Körper
vollständig deutlich zu machen, und doch
zweifelt kein Mensch, daſs dieses Verkehr
bestehe, daſs die beiden eben genannten
Dinge beständig auf, mit und durch ein-

ander wirken. Wenn wir indessen dort wie
hier annehmen, daſs die Kräfte von Beiden
das Mittelding sind, wodurch das Verkehr
unter ihnen bestehet, und daſs diesen Kräften einerseits von der Seele die Richtung
auf den Körper, und andererseits vom Körper auf die Seele gegeben, denselben aber
alsdann von dem Einen oder von der Anderen Widerstand geboten wird, und auf
die Art die Aeuſserung erfolgt, so wären
wir (das ist offenbar) zwar im eigentlichen
Grunde noch nicht viel weiter, weil unsere Bekanntschaft mit dem eben erwähnten
Mitteldinge, mit der Kraft, allzu gering,
zu unbedeutend ist : wir hätten alsdann
aber doch den eigentlichen Verbindungsring
der Kette gefunden.

## 15.

Sollte zwischen den beiden im Vorigen
angegebenen Wechselwirkungen des Körpers
und Geistes wohl ein zu groſser Unterschied
obwalten, als daſs · wir es wagen dürften
eine Vergleichung zwischen ihnen an zu

stellen und aus dieser Vergleichung Schlüsse zu ziehen. Man könnte zwar sagen,
daſs, so lange die beiden Wesen, Seele
und Körper, mit einander verbunden sind,
die Erstere auf den Letzteren, wie eben gesagt, durch die Zwischenkunft ihrer Kräfte wirke, dieser aber auf sie durch seine
Sinnenwerkzeuge, oder besser, durch den
Widerstand, welche er in seinem Organis-
mus ihren Kräften bietet, zurückwirke: diese Art von Widerstand und daher entstan-
dener Mittheilung oder Einwirkung aber
nur für die zwey zusammen verbundenen
einzelnen Wesen (nämlich für diese einzelne Seele mit dem ihr zugetheiltem einzelnen
Körper) gelte und also nicht auf eine diesem Körper fremde Seele ausgedehnt ange-
wendet werden könne. Allein wenn man
bedenkt, daſs es weder auf der einen Seite
die Seele, noch auf der anderen der Körper ist, sondern auf beiden Seiten die Kräfte das Wesen sind, welches wirket, und
diesen Kräften nur durch die Form, welche
Seele und Körper haben, die Richtung, der

Schwung gegeben wird, dann kann man
nur in so weit ungeneigt seyn der Einwirkung eines fremden Geistes auf unseren Körper Raum zu gestatten, als diesem fremden
Geiste und diesem unseren Körper das ge-
meinschaftliche Lebensprinzip, und somit
auch die Form fehlet, die für die beiden
Anderen aus diesem Prinzip (durch welches
sie ein zusammenhängendes, einzelnes oder
vereinzeltes Wesen ausmachen) resultirt (6.)
man ist aber, wenn man nicht aller Erfahrung widersprechen will, genöthiget dabey alle andere Einwirkung und Mittheilung und Gemeinschaft gelten zu lassen.
Denn wir offenbaren uns anderen Seelen
nicht bloſs vermittelst unserer gröberen Organe, oder des Widerstandes, welche wir
den Kräften dieser Seelen durch unseren
Körper bieten; wir treten nicht allezeit bloſs
dadurch mit ihnen in Verbindung, wirken
nicht allezeit bloſs durch die Zwischenkunft
unseres Körpers auf Andere, und erleiden
auch nicht bloſs durch diesen Körper Einwirkungen von Anderen: wir sind im Ge-

gentheil im Stande auf andere Arten, z. B. durch eine Anstrengung oder Fixirung unseres Willens, dem Körper eines Dritten Richtungen zu geben, ihn, um so zu sagen, als unser Organ zu·gebrauchen, und somit uns auch, ohne körperliche Berührung, einen Einfluſs auf seinen geistigen Theil zu verschaffen, demselben sichere, uns beliebige Richtungen zu geben.

## 16.

In wiefern Dieses vermittelst einer aus uns in einen andern Menschen übergehende Nervenkraft (der Kraft welche den Eindruck vom erregten Nerven zur Seele, oder von diesen die Befehle zur bewegenden Faser überbringt) oder wie es sonst geschehe, das wollen wir hier nicht weiter untersuchen: und kann und muſs die Wahrheit des Faktums genügen. Für die Wirklichkeit dieses Faktums streiten aber nicht nur

.1. die tausendmal im Kriege, oder bey Aufläufen, Empörungen gemachten Erfahrungen, nach welchen es bey Gelegenheit dieser Letzteren nur der Erscheinung eines durch Wohlwollen und Rechtschaffenheit allgemein bekannten, oder durch Entschlossenheit und Verdienste ausgezeichneten Mannes bedürfte um die Gährung zu dämpfen, den Aufruhr zu stillen. Oder nach welchen in mancher Feldschlacht ein einziger Feiger Schuld war, daſs ein groſser Haufen die Waffen wegwarf und dem Feinde, welcher vielleicht eben in diesem Augenblicke den kräftigsten Widerstand von ihm erwartete, den Rücken zukehrte. Oder nach welchen nur ein einziger Tapferer hervor zu treten durfte, um die Schlacht welche schon verlohren schien, zu erneueren, und sich und den Seinigen die Siegespalme zu erringen.

Der Erste besänftigt die stürmische, tobende Menge; der Zweite tödtet den entflammten, der Dritte dagegen belebet den schon aufgegebenen Muth seiner Gefährten wieder, und alle Drey thun Dieses die meisten Mahle ohne ein Wort dabey zu sprechen oder ein anderes deutliches Zeichen von demjenigen zu geben, was in ihnen vorgeht;

7

worauf in dem Ersten der Unwille oder
das Misvergnügen, in dem Zweiten die
Furcht und in dem Dritten der Muth sich
gründet. (7)

Das Sinnliche, was bey dergleichen Vor-
gängen Statt hat, oder angetroffen wird,
ist im Grunde von so geringer Bedeutung,
daſs man nicht weniger befugt ist in vollem
Ernste den Sabinerinnenraub als die näch-
ste und einzige Ursache von der mit allem
Recht angestaunten nachmahligen Gröſse des
alten Roms an zu sehen, als ihm (diesem
Sinnlichen) den ganzen, groſsen, hier sich
ergebenden Erfolg ohne Uebertreibung bei
zu messen.

In den von uns so eben aufgestellten
Beyspielen wirken das Ansehen des Ersten,
die Feigheit des Andern und der Muth des
Dritten, um so zu sagen, als bloſs geistige
Wesen. Sie wirken plötzlich, sie wirken
unwiderstelich, ohne daſs man sagen kann,
wie oder wodurch. Sie wirken wenigstens
äuſserst unverhältniſsmäſsig mit dem körperlichen Eindruck. Das Passendste, was wir

davon zu sagen wissen., ist: in jede einzel-
ne Seele des Haufens ist die ganze Seele des
Edelen, Entschlossenen, des Feigen oder
Muthigen gefahren.

2. nicht nur verschiedene beym Magnetisiren sich ergebende Erscheinungen, wor-
über wir weiter unten etwas Näheres zu sagen uns vorbehalten, sondern auch

3. folgende durch mich, und so viel mir
bekannt ist, zuerst gemachte Beobachtung:

» Dafs ein an einem Faden., dessen an-
» deres Ende von einem Menschen zwischen
» dem Daumen und Zeigefinger gehalten
» wird, befestigter, senkrecht, übrigens aber
» ganz frey hängender Körper (z. B. ein Stein-
» chen, eine Gewehrkugel, ein Ring) der
» Bestimmung meines Willens folget, und
» nach meinem Belieben entweder still ste-
» het, oder rechts oder links rund lauft,
» oder die Bewegung des Pendels u. d. m.
» machet, wann ich mit diesem Menschen
» mich in Verbindung setze, das heifst,
» wann ich den Arm, dessen Hand den
» Faden in die Höhe hält, mit meiner Hand

» fest, dock so andrücke, daſs durch die
» Handlung meines Arms dem Arm des An-
» deren weder der Schwung noch die Rich-
» tung mitgetheilt werde, welche ich an
» dem am Faden befestigten Steinchen oder
» Ringe wahrnehmen will." (8.)

Daſs hier blofs der feste Wille wirke,
wird Jedem, der mir den eben erwähnten
Versuch auf die beschriebene Art nach-
macht, einleuchten. Ich gebrauche in diesem Falle also den Körper eines anderen
Menschen als einen Leiter meiner Willenskraft ohne daſs dieser Mensch sich dessen
bewust ist.

## 17.

Die eben angegebene Beobachtung aber
ist, meines Erachtens, nicht nur völlig
geeignet zu zeigen, daſs wir uns auf Wegen, die unseren Sinnen unvernehmbar sind,
einen Einfluſs auf die willkührlichen Verrichtungen eines anderen Menschen verschaffen können, sondern berechtiget uns auch
zu folgenden Fragen.

» Sollte es einem Geiste wohl beschwer-
» licher als uns seyn sich fremder Organe
» zur Ausführung seiner Entschlüsse, zur
» Erreichung seiner Entzwecke zu bedienen?
» Sollt' es einem Geiste an Macht fehlen
» unsere Sinnenwerkzeuge auf eine uns un-
» bekannte Art zu verstärken oder ihnen,
» z. B. durch Wegnahme eines uns unbe-
» kannten Hindernisses eine Schärfe zu er-
» theilen, die sie aufserdem nicht haben?
» Oder diesen durch die Stelle, die er selbst
» einnimmt, eine Richtung zu geben, die
» sie im gewöhnlichen Zustande nicht an-
» nehmen?"

Man erinnere sich hierbey wie sehr unser Gesichtssinn durch Hülfe der Gläser verstärkt werden könne. Und eben so sehr
als wir Recht haben das Läugnen der Son-
nenflecken oder der Trabanten des Jupiters
u. d. m., von einem Menschen, der nie
durch ein Teleskop gesehen, als ein verwe-
gnes Urtheil mit der Miene des Mitleids
oder der Grimasse des Spottes ab zu fertigen, eben so sehr sind wir befugt die Ver-

muthung in Schutz zu nehmen, daſs es auſ-
ſer den Fern - und Vergröſserungsgläsern
noch viele andere Mittel gebe, wodurch unsere erwähnte Sinnenwerkzeuge verfeinert,
verstärkt, von Hindernissen befreyt werden
können, die jetzt ihren Wirkungskreis beschränken.

» Aber der Geist ist nichts Sehbares. "
Das geb' ich gerne zu: allein, wenn
seine Kräfte auf die Kräfte meines Geistes
oder meines Körpers wirken, so wird er
mir doch vernehmbar, und aus der Art
der Wirkung (das ist, in dem Falle, wann
der Erscheinende der Geist eines mir vorher bekannt gewesenen Verstorbenen ist) aus
der Art der Wirkung, die ich alsdann an
mir verspüre, erinnere ich mich seiner vormahligen Art zu seyn und zu handelen, und
schlieſse daraus auf seine Gegenwart.

### 18.

*Dritte Art von Berührung.*

Der Kontakt braucht aber auch auf keiner von beiden Seiten körperlich zu seyn.

Wie! sollte man nicht eine von allem
Körperlichen entblößte, rein geistige Verbindung, oder Wechselwirkung zwischen
einem Geiste und der Seele eines Menschen
annehmen dürfen? Sollte nicht ohne Bey-
hülfe, ohne Zwischenkunft eines fremdartigen Mitteldinges eine Offenbarung von Geist
zu Geist Statt haben können? wer darf das
gerade zu läugnen? wer das aber auch gerade zu bejahen? Denn man wird, und zwar
mit Recht, sagen, eine solche, unmittelbare,
Offenbarung könne darum nicht angenommen werden, weil sie nur außerhalb dem
Raume, im Lande der Ideen, Statt haben
und kund werden könne, und dabey ein
Anschauungsvermögen in uns voraussetze,
dessen Daseyn wir nicht beweisen und darum nicht dafür einstehen können; daß, wo
wir dergleichen Offenbarungen zu haben ver-
meinen, wir nicht Dinge für Wirklichkeiten
annehmen, welche, beym Lichte besehen,
doch nichts weiter als Träume, Bilder einer
überspannten, oder irregeführten Einbildungskraft und daher, im eigentlichen Grun-

de, nichts anders als aus der Empirie ge-
schöpfte Wesen sind.

## 19.

Allein, so sehr ich auch überzeugt, durch
vielfältige Erfahrung belehrt bin, daſs wir
arme Menschen nur gar zu oft auf diese,
oder dieser ähnliche Arten uns selbst betriegen, so kann ich mich doch nicht überre-
den, daſs das allezeit so geschehe, und
(worauf es hier eigentlich ankommt) allezeit so geschehen müsse. Denn wo bliebe
da der Dämon des Sokrates? wo die Dämo-
nen aller Menschen? ich meine die soge-
nannten Einsprechungen, die doch nicht
leicht jemand läugnen wird, wenigstens zuweilen, in seinem Leben, und zwar nicht
nur bey wichtigen Gelegenheiten, in ern-
sten, feyerlichen Augenblicken, sondern
auch ganz unvorbereitet gehabt zu haben.

Ich weis wohl, was man hierauf ant-
wortet. Man sagt nämlich: » Wir schieben
» bey dergleichen Gelegenheiten ein Wesen,
» als von uns abgesondert, ein, welches

» doch im Grunde wir selbst sind. Wir le-
» gen einem Dritten die Veranlassung zu
» Entschlüssen und Handlungen bey, die ih-
» ren Ursprung in einer in uns selbst lie-
» genden, aber unsichtbaren, uns unbekann-
» ten Ideenverbindung haben."

Man vergifst aber dabey zu bedenken,
dafs dieses Einschieben eines Dritten eine
Bekanntschaft mit diesem Dritten; ein Glauben an sein Daseyn, an seine Zwischenkunft in unsere Angelegenheiten, an seine
Macht, auf uns seinen Einflufs aus zu üben,
voraussetzet; zu welcher Bekanntschaft, zu
welchem Glauben wir aber nur auf einem
ganz sicheren Wege haben gelangen können.
In der Folge werden wir hierauf zurück-
kommen, und alsdann über das Entstehen,
oder den Ursprung davon unsere Meinung
sagen.

## 20.

Dafs die Eiwirkung von Geist auf Geist
ein besonderes, eigenes, anderes Anschau-
ungs- oder Empfindungsvermögen erheische,

8

als dasjenige ist, welches wir besitzen, glaube ich deswegen nicht, weil es überflüfsig
seyn könnte. Die Seele schaut sich, durch
das Beschränken auf sich selber, das ist,
durch Ausschliesung aller andern aufser ihr
liegenden Dinge und durch Aufsuchung einer
Gegenwirkung, eines Widerstandes, in sich
selbst, sich selber an. Durch die verschiedenen Modifikationen aber, die sie bey diesem Ausschliefsen annimmt, oder die ihr
beym Ausschliessen von den Dingen, welche sie ausschliefset, gegeben werden, lernet sie diese Dinge nach und nach von einander unterscheiden, lernet sie kennen. Weil
diese Dinge aber wieder nur durch ihre
Kraft auf sie wirken und jedes derselben
als ein besonderes *Medium* an zu sehen ist,
wodurch die Kraft gehet und modificiret
wird, so mufs sie auch eine Bekanntschaft
mit den *Mediis*, mit derer Gewicht, Grö-
fze u. s. w. machen; und daher unterscheiden lernen, ob und wann eine reinere oder
auch eine reine Kraft (eine Kraft ohne
durch ein *medium* zu gehen) auf sie wir-

ket. In einem solchen Zustande aber ist
es nothwendig, daſs, indem sie die Kraft
sicht, empfindet, sie nicht nur diese Kraft,
sondern auch das Wesen, woher die Kraft
kommt, dessen Ausfluſs, oder dessen Eigenschaft die Kraft ist, selbst gewahr werde,
empfinde, anschaue. Doch laſst uns sehen, ob und welche fernere Gründe wir
für unsere vorerwähnte Behauptung haben.

### 21.

I. Aus dem Beweise (wenn ein solcher
Beweis geführt werden könnte) aus dem
Beweise, daſs die Seele das vorher beziel-
te Empfindungs- oder Anschauungsvermögen
nicht besitze, nämlich, daſs sie das Vermögen, wodurch sie sich selbst schauet,
sich ihrer selbst bewust ist, nicht auch auf
einen anderen Geist anwenden oder an demselben ausüben könne, würde, meiner Einsicht nach, folgen, daſs

1. zwischen den Geistern gar keine Verbindung Statt habe, daſs es kein Geister-
reich, sondern nur einzelne an den Ufern

irgend eines Lethe herumirrende Schatten
gebe, und demnach das wahr sey, was
wir oben im ersten Abschnitt unter II,
so kräftig und, wie uns vorkommt, mit
einem entscheidenden Erfolge bestritten
haben.

2. daſs die Seele durch den Leib nicht bloſs
beschränkt, sondern auch völlig von ihm,
wie in einem Behälter, eingeschlossen,
oder wie der künftige Schmetterling in
seiner Puppe eingehüllet, und also im
Grunde von einem nicht viel feineren Tei-
ge zusammengeknetet sey, als er selbst;
und endlich würde

3. daraus folgen, daſs zwey Kräfte nicht,
ohne Zwischenkunft eines fremdartigen
Dinges, auf einander wirken können,
welches dem oben im zweyten Abschnitt
Gesagten widerspricht, und nicht leicht
von Jemanden wird behauptet werden
wollen.

II. Wer erkläret mir die Sympathien und
Antipathien, die plötzliche Zu- oder Abneigung gegen etwas, die manchmal ( mit

Tristram Schandy zu sprechen) wie eine
Bombe auf uns fallen und zerplatzen? Wer
erkläret mir den eigentlchen Grund derselben ohne zu dem mehr erwähnten Empfin-
dungs – oder Anschauungsvermögen seine
Zuflucht zu nehmen?

Das Körperliche, das dem Auge und
Ohr Vernehmbare, kann wohl die Veranlassung dazu seyn, aber es schwimmt oben;
ist nur eine kaum wahrgenommene, nicht
entzifferte Hieroglyphe. Es schwimmet, wie
gesagt, oben: die grofse Ordnung, oder
vielmehr das Hinstreben der Dinge zu dieser grofsen, hehren Ordnung; die Ursache
des Einklangs oder Misklangs, der Feind-
schaft oder Freundschaft; die Ursache der
Zuneigung oder Abneigung der sich überall anpassenden, und bald sich anziehen-
den bald sich zurückstossenden, Dinge liegt
auf dem Grunde; ist ein Magnet, der aus
dem inneren Heiligtum seine Strahlen ver-
breitet.

III. Wer weis mir zu sagen, woher die
vorherverkündenden Träume ihren Ursprung

nehmen? Woher die Beziehung entsteht, in welche wir bey dergleichen Träumen zu dem zukünftigen Ereigniſs treten?— Woher die Vorgefühle, Ahndungen kommen? Welch eine Verbindung zwischen mir und meinem meilenweit von mir entfernten sterbenden Vater oder Freunde obwaltet? Wo da der Punkt der Berührung zu suchen ist? Von welcher Kraft die Kette zwischen meinem Vater oder Freunde und mir als Leiterinn gebraucht und durchlaufen wird, um die Faser meines Herzens zittern zu machen und meiner beklemmten Brust Seufzer aus zu pressen?

Wo bliebe das belebende Licht des Trostes, der Hoffnung, welches uns zuweilen in tiefer Traurigkeit auf einmal, ohne daſs wir wissen wie oder woher, aufgeht und umstrahlet? Woher der gewaltige Wetterstrahl, welcher im nächtlichen Gewitter, im heftigsten Taumel der Leidenschaften, uns sehen läſst, daſs wir am Rande eines jähligen Abgrunds, unseres gewissen Verderbens stehen? (g.)

IV. Wie sieht der Hellsehende ( *Clair-*
*voiant* ) in die tiefste Vergangenheit zurück?
Mit welchem Auge schauet er die ferne Zukunft? Wer ist sein Führer in weit entle-
gene, ihm unbekannte Länder? und wer
läfst ihn daselbst Dinge sehen, von denen
er nicht einmal wuste, dafs sie da waren?
Wie erräth er die Gedanken und Entschlüsse des Magnetiseurs? Wer läfst ihn in dessen Herz lesen?

Was das Zurücksehen in die Vergangenheit und das Hinschauen in die Zukunft
betrift, will ich die Erklärung gelten lassen, dafs der Geist des Hellsehenden durch
das Magnetisiren von den gröberen Banden,
welche ihn im gewöhnlichen Zustande an
seinen Körper geheftet halten, befreyt, fähiger ist eine Kette von vormahls gehabten
Ideen wieder ganz auf zu fassen, und
diejenigen, welche darin durch die Länge
der Zeit schon erloschen, oder, um so zu
sagen, daraus gefallen waren, in die Ge-
dankenreihe wieder ein zu schieben; dafs
er fähiger ist die Dinge in ihren Folgen,

oder in den gegenwärtigen Ursachen die
folgenden Wirkungen zu sehen: diese Erklärung will ich, sag' ich, gelten lassen;
obschon dabey doch die Art, wie der Geist
des Magnetisirten von den gedachten gröberen Banden, und zwar durch einen Dritten, durch die Kraft eines Dritten, befrey-
et wird; wie er den beym Schauen in die
Zukunft nöthigen Sprung thut, unerklärt
und völlig im Dunkeln bleibt. Beym Sehen in die Entfernung aber, wie auch beym
Errathen der Gedanken und Entschlüsse des
Magnetiseurs begleitet entweder offenbar die
Seele des Magnetisirten den Gedanken des
Magnetisirenden, oder sie gehet für sich
selbst mit ihrem Denk- und Empfindungsvermögen erstaunlich weit über die Grän-
zen des Wirkungskreises aller Organe ihres
Körpers hinaus. Im ersten Falle findet ohne Widerrede eine unmittelbare Vereinigung
(ein wahres geistiges Anschauen) zwischen
den Seelen des Magnetiseurs und Hellsehenden Statt. [10.] Im zweyten empfindet die
Seele dieses Letzteren entweder ohne alles

Zuthun ihres Körpers und; um so zu sagen, von ihm getrennt, als blofs geistiges
Wesen, oder sie bedienet sich dabey der
Organe eines andern Körpers, oder ihres
eigenen, auf eine Art, wovon wir, aufser
in diesem Falle, gar keine Erfahrung haben;
auf eine Art, wodurch das Feld der möglichen Erfahrungen augenscheinlich so sehr
erweitert wird, dafs wir kühnlich, ohne
uns die beliebten Namen *Schwärmer*, *Gei-
sterseher* u. d. m. zu zu ziehen, wenigstens
ohne sie zu verdienen, behaupten dürfen,
dafs von dem, was hier geschieht, mit allem Fug auf ähnliche Fälle, auf Fälle, wovon in diesen Blättern die Rede ist, geschlos-
sen werden möge.

22.

Gehen wir nun die oben Seite 22 angegebenen und bis hieran näher auseinander-
gesetzten Arten der Geistererscheinungen,
oder unserer Berührung mit den Geistern,
noch einmal in Gedanken durch; unterwer-
fen wir sie, die eine nach der anderen, einer

9

abermaligen Prüfung, so werden wir von
neuem hier und dort auf Dunkelheiten, Un-
erklärbarkeiten , Unbegreiflichkeiten , ( wer
dürfte das läugnen?) aber zugleich doch
auch nicht nur nie auf Widersprüche, auf
Dinge stofsen, die unsere Vernunft als wi-
dersinnig oder ungereimt verwerfen mufs,
sondern wir werden vielmehr überall grofse
Wahrscheinlichkeiten und gewisse Ansichten finden, die ihr allezeit, wann sie nicht
weiter voran kann, als Gewinn willköm-
men seyn müssen, und womit sie sich überall, wo sie zur keiner völligen Gewifsheit
zu gelangen vermag, begnügen mufs, begnügen kann, und sich auch, wenn Ver-
messenheit oder Vorurtheil sie nicht blenden,
gerne begnügt.

## 23.

Wenn ich mich bis hieran enthalten habe unter den drey abgehandelten Arten von
Erscheinungen zu entscheiden, oder eine
derselben für die meinige zu erklären, so
geschah das nicht blofs, um dem Leser

völlig freie Wahl zu lassen, ihn nicht für
die eine oder andere besonders einzuneh-
men, sondern, und zwar vorzüglich, darum,
weil, meiner Meinung nach, die Erscheinungen auf den drey angegebenen Arten
wirklich Statt haben können.

## 24.

Soviel von der Möglichkeit und den Arten
der Geistererscheinungen. Untersuchen wir
jetzt auch, woher der zu allen Zeiten all-
gemeine Glauben an gute und böse Geister, an Gespenster, an Erscheinungen der
Verstorbenen an Lebende seinen Ursprung
hat; was wir daraus ableiten können und
ab zu leiten befugt sind.

## VIERTER ABSCHNITT.

*Woher entsprang der Glauben an Geistererscheinungen?*

### 1.

Um diese Frage zu beantworten dürfte es nicht undienlich seyn, vorab zu untersuchen, worin die dem Menschen angestammte Hochachtung (ich meine das Mittelding von Liebe und Furcht) für das Hohe, Erhabene ihren Grund habe; woher der Hang desselben zum Wunderbaren entstehe; woher die Gier der Heifshunger, womit Nachrichten aus dem Geisterreiche von ihm verschlungen werden, ihrem Ursprung haben.

### 2.

Die Hochachtung oder Erhfurcht des Menschen fürs Hohe, Erhabene; der Hang desselben zum Wunderbaren?

Diese Hochachtung gegen das Hohe, Erhabene, und dieser Hang zum Wunderbaren sind, meines Erachtens, nichts mehr und nichts weniger, als eine im Menschen liegende Neigung oder Tendenz und zwar, die

Erste zur näheren Vereinigung mit dem Hohen, Erhabenen, zur Anschließung an dasselbe; und der

Andere, Tendenz zur Ausdehnung über seine jetzige Sphäre.

Sie sind Beide mit einer gewissen Sehnsucht, mit einem gewissen Heimweh, der Sehnsucht, dem Heimweh, wovon wir Seite 6. ein Wort gesagt haben, sehr nahe verwandt. Mit einem Worte: es ist dem Menschen ( man erlaube uns den Ausdruck ) zu enge in seiner Haut; und, weil es ihm darin zu enge ist, so ergreift er das Hohe, Wunderbare, welches er in oder neben sich wahrnimmt, und welches daher [ so sehr es auch den Schein vom Gegentheil an sich hat ] mit ihm zu eben derselben Ordnung gehöret, so ergreift er, sag' ich, das Hohe,

das Wunderbare, um daran seinen jetzigen
niedrigen und endlichen, künftigen hohen,
das ist, seinen wahren ursprünglichen Standpunkt ab zu messen, oder, um sich daran,
wie der Epheu an der hohen Nachbareiche
in die Höhe zu treiben. Ein gewisser in
uns Menschen liegender Keim wird durch
das Hohe, Wunderbare beschienen, er-
wärmt; belebt, entwickelt, zur Pflanze ge-
trieben. Das fühlen wir, das erhebt uns,
das macht uns Wonne, das macht uns
nicht selten weinen vor Freude.

### 3.

### *Die Gier, der Heißhunger.*

Warum werden die Nachrichten aus dem
Geisterreiche von uns mit so brennender
Gier gesucht und mit so großem Heißhun-
ger ergriffen und verschlungen?

Weil — weil sie uns nichts angehen? —
Haben wir wohl Hunger, wenn es uns nicht
hungert? Durst, wenn wir nicht dürstig
sind? Liebet, hasset, hoffet, fürchtet der

Mensch das nicht am allermeisten, was ihm
am meisten als liebens- oder hassenswür-
dig, hoffnung- oder fürchterregend erscheinet, als Solches am meisten Bezug auf ihn
hat, mit ihm als Solches am nächsten in
Berührung steht? Allerdings. Was ihm
fremd ist, das kümmert ihn nicht, das
läfst sein Herz unangesprochen. Ja, die
eben genannten Gemüthsstimmungen, Liebe,
Hafs, Hoffnung, Furcht nehmen nach Mafs-
gabe der Entfernung von ihrem Objekt ab
und hören beym Unbekannten gänzlich auf.

Daraus sollte man dann doch wohl
schliefsen, dafs der Mensch hier und dort,
dafs er auch unter den Geistern zu Hause
gehöre; dafs die Geister und er sich nicht
fremd seyen.

### 4.

Was Erziehung, Umgang, Unterricht,
Gesundheit und Krankheit bey diesem Han-
ge und diesem Heifshunger vermögen, weis
ich sehr gut, aber so gut ich das weis,
eben so sicher bin ich auch, dafs der ge-

dachte Hang und Heißhunger nicht so allgemein seyn, das ist, jedem Menschen ohne Unterschied nicht so fest ankleben würden, wenn Umgang, Unterricht, Erziehung
u. d. m. die einzigen Ursachen derselben ,
oder , von der andern Seite , im Stande wären sie aus zu rotten, sie zum Schweigen
zu bringen. Denn dieser Heißhunger ist
nicht auf gewisse Personen, oder Lagen,
oder Länder oder Zeiten beschränkt: er ist
bey der neuen Pädagogik und Filosofie,
was er bey der alten war, und wir fügen (aller unserer Aufklärung , in allen
Feldern und Fächern, ungeachtet) uns heu-
te seinem Drange noch eben so geduldig
und willfährig, wie es unsere Väter vor
vier und fünf Hundert Jahren thaten. Dieser Hang treibt den Großen wie den Kleinen, den Starken wie den Schwachen, und
diese Gier spitzt die Ohren von Alt und
Jung, von einer Versammlung stattlicher
Akademisten wie von einem schlichten, niedrigen Häuflein kosender Nachbaren am
Feuerheerd.

## 5.

Und — nun der vorher erwähnte Glauben?

Woher sollte die Erdichtung (im Fall der Grund dieses Glaubens nichts weiter als eine Erdichtung wäre) die Erdichtung vom Wiederkommen , von Erscheinungen der Verstorbenen an Lebende, von Schutzgeistern und ihren Einsprechungen u. d. m. dem Menschen wohl geworden seyn?

## 6.

Um etwas zu erdichten, müssen Data vorhanden seyn um der Erdichtung zum Grunde gelegt zu werden. Diese Data können keine Erdichtung seyn. Denn so gewiß als jedes Zeichen seinen hinlänglichen Grund im Bezeichneten hat und nicht erscheinet oder verschwindet, wo dieses nicht ist oder zu seyn aufhöret, so wahr und wirklich ist der Urstoff aller Erdichtung. Der Mensch kann die vorhandenen Materialien sammeln, kann sie auf tausenderley Arten zusammen verbinden, legen,

schichten, ordnen, und daraus Furien und
Grazien, Engel und Ungeheuer, Hütten und
Palläste zu Tage fördern; aber selbst sie
hervorbringen, oder, mit anderen Worten,
ein Wesen, oder selbst auch nur die Art
des Seyns eines Wesens, welche nicht bestehen, nicht gegeben sind, erdichten,
kann er nicht; und — wir thun uns (Wir
mögen 's nun gesagt haben wollen oder nicht)
wir thun uns sammt und sonders zu viel
Ehre an, wann wir von einer uns beywohnenden Schöpferkraft schwatzen, selbst (Das
luftige Dichter- und Mahlervölkchen, unsere Prometheuse, hier nicht ausgenom-
men) uns auch nur davon im Ernste träumen lassen. Die Gewohnheit tagtäglich damit um zu gehen, sie beständig zu sehen,
sie überall bei und um uns zu haben, macht,
dafs wir am Ende diejenigen für unsere eigene, leibliche Kinder ansehen, welche im Grunde doch nichts anders als uns
zuhausegeschickte, uns anvertraute Zöglin-
ge sind, die wir füttern, kleiden, putzen,
kosen, aufziehen.

Der Mensch sammlet, schichtet, verbindet, ordnet [ und dieses manchmal belustigend und wunderlich genug] was ihm durch die Empirie und Speculation an die Hand gegeben wird, und macht daraus sein Ganzes oder Halbes, sein Kluges oder Närrisches, sein — Machwerk; und das ist auch Alles, was er thut und vermag. Die Aussage : » Es giebt Gespenster, Erschei- » nungen von Verstorbenen an Lebende u. s. » w.'' muß sich daher auf etwas Wahres, Wirkliches, auf etwas Sicheres, Ausgemachtes gründen. (11.)

## 7.

In so fern diese Aussage sich auf Erfahrung gründet, dürfen wir diese Erfahrung schon um deswillen nicht in Zweifel ziehen, weil sie, wie wir gesehen haben, *möglich* ist. Der Zweifel, welchen wir uns dabey nicht nur erlauben können, sondern den wir auch bey jeder Gelegenheit zu heben suchen müssen, betrifft die Art der Erfahrung. Diese Art muß untersucht, ihre Rich-

tigkeit oder Unrichtigkeit aus den sie umge-
benden und begleitenden Umständen ausge-
mittelt werden.

## 8.

Die Richtigkeit oder Unrichtigkeit derselben darf aber nicht nach dem Maaße unserer eigenen Erfahrungen abgemessen und
bestimmt werden wollen, denn daraus würde unausbleiblich der ungeheuerste und
zugleich verderblichste, der unleidlichste
Scepticismus erwachsen und all unser aus
der Erfahrung geschöpftes Wissen in die
augenscheinlichste Gefahr gebracht werden
Schiffbruch zu leiden und, wie man zu sagen pflegt, mit Mann und Maus zu vergehen.

## 9.

Man wolle indessen nicht erwarten, daß
wir hier auch nur eine einzige von den be-
zielten Erfahrungen mittheilen. So gefunden hier auch der Platz dafür ist, so ange-
nehm sich dieselben auch anhören oder lesen lassen, und so fest wir auch überzeugt

sind, daß sie unbeschreiblich viel zum Absatz dieses Büchleins beytragen würden (12),
so müssen wir doch von einer Mittheilung
derselben absehen, weil sie einestheils nicht
hierhin gehören und anderentheils von Seiten der Leser oder Zuhörer entweder einen
festern Glauben auf den Erzähler voraussetzen, als wir zu erwarten befugt sind, oder
zu ihrer Begründung mehr Zeit und Lust
erfordern, als wir selbst haben, oder dem
geneigten Leser zu haben, oder darauf ver-
wenden zu wollen, zumuthen dürfen. Denn
zur guten Begründung einer einzigen Erfahrung von der Art dürfte es manchmal nicht
zuviel seyn ein ganzes eigenes Buch zu schrei-
ben. Es wäre (beiläufig gesagt) sehr zu
wünschen, daß die allzeit fertigen, uner-
schöpflichen Erzähler von Geistererscheinungen u. s. w. sich das wollten gesagt seyn
lassen.

## 10.

In sofern die vorerwähnte Aussage auf
Schlüssen beruhet, muß dieselbe, sobald

diese Schlüsse einen vernunftmäfsigen Glauben begründen, als völlig wahr und un-
trüglich angenommen werden, weil jene sich
alsdann auf eine in unserem Wesen liegende daher ganz sichere Autorität stützen.

### 11.

Sind wir wohl im Stande eine solche
Autorität in uns auf zu weisen?

Mit aller uns möglichen Bescheidenheit
wagen wir hier das Ja aus zu sprechen,
und sagen; wir haben sie schon genannt.

### 12.

Wir sagen ja, und irren wahrscheinlich
nicht, wenn wir unsere Tendenz zur Ausdehnung, unsere Hochachtung gegen das
Erhabene, unseren Hang zum Wunderbaren
und unsere Gier von den Verstorbenen durch
Erscheinungen Nachrichten über die Zukunft
ein zu hohlen und mit diesen Verstorbenen
die durch den Tod zwischen ihnen und uns
(wie es scheint) getrennte Verbindung wieder an zu knüpfen, wir irren, sag' ich,

wahrscheinlich nicht, wann wir diese Hochachtung, diesen Hang und diese Gier, oder
vielmehr den Grund, worauf sie sich stützen, die Quelle, woraus sie herfliefsen, als,
die Autorität annehmen, worauf die vorerwähnte Aussage sich gründet.

## 13.

Und dieser Grund, diese Quelle wäre?

Sie wären die Ahndung, zu etwas Dau-
erhafterem, Besseren, als uns hienieden zu
Theil wird, gemacht zu seyn; das Sehnen
nach der Heimat; sie wären das tief in unserer Seele liegende unvertilgbare Gefühl ihrer Verbindung, ihres Zusammenhaltens,
ihrer Verwandtschaft mit der allgemeinen
Ordnung, mit der Gesammtheit; das tiefe,
unvertilgbare Gefühl, dafs wir unter dem
Einflufse, unter der Waltung und Obhut
höherer Wesen leben: welches Gefühl und
welche Ahndung in uns um desto stärker,
lebhafter, erquickender, freundlicher sind,
jemehr wir uns befleifsigen uns der allgemeinen Ordnung zu fügen und an zu schlie-

fsen , je mehr wir den in uns liegenden
göttlichen Funken an zu fachen, unseren
besseren Theil von den Blendwerken und
Banden der Sinne los zu machen und als
freye Wesen zu handelen streben.

## FÜNFTER ABSCHNITT.

### Folgerung.

Was wären wir denn nun wohl aus allem bisher Gesagten ab zu leiten befugt?

Ich müfste mich sehr betriegen, wenn
daraus nicht folgen sollte.

1. dafs wir [13.] mit dem Geisterreiche
   in steter, ununterbrochener Verbindung
   stehen , und

2. dafs Geistererscheinungen möglich und
   wahrscheinlich sind.

Ich halte mich demnach berechtigt zu
fragen : » Wer darf sich vermessen die Frage Giebt es Gespenster u. s. w. ?” schlechtweg und in entscheidendem Tone mit Nein
zu beantworten?

# BESCHLUSS.

Damit man indessen nicht glaube, daſs ich in meiner Schale mehr Gewicht wolle gesehen haben, als in der That darin liegt, finde ich es nöthig zum Beschluſs folgende Bemerkung zu machen und dieselbe als eine Verwahrung hier ein zu legen:

  »Daſs, — gleichwie ich behaupten »darf, daſs eine Autorität, wie die ist, wo- »von wir so eben gesprochen haben, zur »Befestigung des Glaubens an Wiederer- »scheinungen völlig genügend ist, und über- »all völlig entscheidend seyn und bleiben »würde, wenn von derselben kein Mis- »brauch gemacht werden könnte, — ich »auch eben so freymütig bekennen will, daſs »sie, wie sie da vor uns liegt, und — weil »wir Menschen nicht aufhören Menschen

I I

» zu seyn, und als solche nicht aufhören
» den Dingen entweder zu viel oder zu we-
» nig zu thun, dafs sie, sag' ich, auch nur
» gar zu leicht eine ergiebige Quelle von
» Illusionen und Irrthümern werden können.''

Man wird es aber eben deswegen auch
billig finden, wenn ich nun von der anderen Seite darauf bestehe, in Beurtheilung
der vorliegenden Sache, alle Diejenigen als
unbefugte Richter aus zu schliefsen, welche
entweder nicht an die Unsterblichkeit, oder
Spiritualität der Seele glauben, oder vor-
geben, den mehrmal erwähnten Hang und
Heifshunger nie in sich verspürt zu haben.
Dafs es in der moralischen sowohl als phy-
sischen Welt viele Dinge gebe, wozu sichere Leute wenig oder gar kein Geschik haben, oder die sich alle Mühe geben das
Wenige was sie allenfalls haben, durch na-
seweise Künsteley weg zu kritteln, oder
durch Nichtgebrauch zu verwahrlosen, oder
gar verloren gehen zu lassen; dafs es auch
Menschen gebe, welche wider sich selbst
zeugen, wissen meine Leser so gut, als ich,

und werden es mir daher gar nicht verden-
ken, wenn ich diesen Leuten keine Stim-
me zugestehe.

Auch mit der Einrede, daſs nur dum-
me, einfältige, unwissende Menschen Erscheinungen haben, Gespenster sehen, klu-
ge, aufgeklärte, un- oder hartgläubige aber
nicht, dürfte wohl nicht viel gewonnen
seyn, weil sie nur eine Einrede, eine Aus-
rede, eine Ausflucht ist. Denn man ver-
giſst dabey (wenigstens scheinet es so) daſs
es zum Sehen nicht genug ist zwey, selbst
zwey gute, Augen zu haben. Man braucht
sich nur ins Dunkele oder hinter einem Andern zu stellen, oder die Augen nur zu zu
thun, oder nicht sehen zu wollen; so ist
es eben so gut, und im letzterm Falle vielleicht schlimmer, als gar keine zu haben.
Auch kann man sich bey einem vollen Paar
guter Augen, wonicht gar alles Sehens, doch
des so unentbehrlichen, köstlichen Rechtse-
hens so sehr entwöhnen, daſs es zu bewun-
deren, wenn es nicht zugleich gar zu ge-
wöhnlich wäre. Um das Gesicht von uns

Menschen ist es überhaupt ein eigenes, sonderbares Ding. Fast Jeder von uns bildet sich ein so gute, — neue bessere, Augen zu haben, als sein Nachbar, und glaubt doch (der schöne Widerspruch!) nur gar zu oft lieber an das vom Nachbar Gesehene, als daß er sich die Mühe gebe mit eigenen Augen selbst zu sehen. Das Dumm‑ oder Klugsein macht hier die meisten Male einen geringeren Unterschied, als man denkt, macht es wenigstens nicht allein ganz aus. In der hier von uns verhandelten Sache ist (man wolle nicht auf uns zörnen, wenn wir hier im Eifer das Blatt ein wenig zu weit vor'm Munde wegthun) ist, wie bey so unzählbar vielen anderen Dingen, das Vorurtheil, das Nachbeten, der Köhlerglauben des Unglaubens, auch der so hoch gepriesenen Aufklärung, wann vielleicht nicht an Ausdehnung, doch sicher an innerem Gehalt, eben so stark, als das Vorurtheil, das Nachbeten, der Köhlerglauben der Einfalt, eben so hartnäckig, und wahrlich viel intoleranter. **D I X I.**

# ANMERKUNGEN.

1. [Seite 7.] Nicht da, wo Dinge neben einander stehen, sondern da, wo sie in einander greifen, wo sie neben-durch-und mit einander leben, wo sie eine Einheit ausmachen, nur da ist Ordnung.

2. (S. 13.) Es liegt nicht in meinem Plan, mich in diesem Büchlein der in der H. Schrift befindlichen Beweise und Zeugnisse zu bedienen; auch sind die Stellen im A. und N. Testament, worauf ich hier als Beläge ziele, gar zu bekannt, als daſs es nicht völlig überflüſsig seyn sollte auch nur einige davon an zu führen.

3. (S. 17.) Unser Geist kann sich nicht auf sich selbst beschränken, nicht in sich gehen, ohne etwas auſser sich aus zu schlieſsen, von sich zu trennen. Denn es wäre ein offenbarer Widerspruch daſs

seine eigene Kraft sich selbst beschränken, sich selbst ausfchliefsen sollte.

4. [S. 24.] Wir sagen hier *unseres* und
*unserem*, wir hätten an deren Statt auch
*eines* und *einem* sagen können. Dafs dieses wahr sey, wird sich in der Folge,
wann wir von der zweyten Art der Erscheinungen sprechen, zeigen.

5. [S. 29.] Nicht das Bild des Geistes,
oder den Geist selber, sondern das von
dem Geiste zu seiner Bekleidung oder
Erscheinung gewählte, angenommene Bild.

6. (S. 35.) Sollt' ich mich hierüber deut-
licher erklären müssen, so würd' ich sagen, der in uns bestehende Lebenspro-
zefs kann nur durch die beiden sich einander zugetheilten, mit einander verbundenen Wesen [Seele und Körper] zu
Stande gebracht werden und bestehen.
Alles, was auf die Kräfte von Beiden
zu wirken vermag, kann denselben mo-
difiziren, ihn befördern, ihn stören, ihn
gänzlich zu Ende bringen; aber nichts
ist im Stande, während der Prozefs dau-

ert, die Stelle des Einen oder Andern ein
zu nehmen und den Prozeſs fort zu setzen.

7. ( S. 38.) Sagen wir nicht auch vom Fa-
natismus, daſs er ansteckend ist, und
zwar sehr richtig, weil wir uns von seiner hinreiſsenden, gewaltigen Verbreitung
keine bessere Ursache als ein Seelen‑Mi-
asma denken können?

8. ( S. 40.) Hier für diejenigen meiner Leser, denen dasselbe nicht schon bekannt
ist, die Beschreibung eines Phänomens,
welches diese Beobachtung veranlasset hat.

*Beschreibung des Phänomens*
dessen Seite 40 Erwähnung gethan ist.

〰〰〰◆〰〰〰

» Wenn man ein Stücklein Metall (Gold,
» Silber, Kupfer u. s. w.) oder auch jeden
» anderen kleinen Körper an einen Faden
» befestiget, und das andere Ende dieses
» Fadens mit den Daumen und Zeigefinger
» der rechten Hand, welcher man durch
» Anstemmung des Ellenbogens alle mögliche
» Festigkeit gegeben hat, festhält, alsdann

12

» die linke Hand irgendwo flach auflegt, und
» nun den an dem Faden befestigten Kör-
» per in der Entfernung von einigen Li-
» nien bis zu einem Zoll über diese linke
» Hand bringt, so wird derselbe, nachdem
» er erst zur völligen Ruhe, zum völligen
» Stillstehen gelanget ist, allmählich von
» selbst anfangen sich in eine kreisförmige
» Bewegung zu versetzen und mit dieser
» Bewegung so lange fortfahren, als man
» Lust und Kraft hat, ihn fest zu halten."

Es ist zwar der Ort nicht über die Ursache dieser Erscheinung zu sprechen; auch
bekenne ich gerne dieselbe nicht genug zu
kennen, nur Mutmaßungen darüber zu haben: indessen dürfte es manchem meiner Leser nicht unangenehm seyn hier einige nä-
here Umstände davon an zu treffen.

## I.

Die vorerwähnte Bewegung des hängen-
den Körpers ist nicht überall kreisförmig.
Ihre Richtung hängt erstens von der Verschiedenheit des unter dem schwebenden

Körper liegenden Gegenstandes und zweitens von dem Willen dessen, der den Faden hält, ab.

Sie ist kreisförmig

1. Wenn der Körper über den Rücken oder die innere Fläche der Hand schwebend gehalten wird, und folget hier der Richtung von der Linken zur Rechten.

2. Eben dieselbe Bewegung und Richtung findet man, wenn der Körper über dem Daumen gehalten wird.

3. Auf dem Zeigefinger aber eine der vorigen gerade entgegengesetzte Richtung, oder auf demselben machet der schwebende Körper die kreisförmige Bewegung von der Rechten zur Linken.

### 2.

Auf dem Mittel, – Ring – und Ohrfinger verändert die kreisförmige Bewegung sich in die Schwingung des Pendels, und zwar

Beym ersten von der Wurzel des Fingers gegen die Spitze desselben.

Der Ringfinger wird durch eben diese Bewegung quer;

der Ohrfinger aber schräg durchgeschnitten.

Auf dem Scheitel des Kopfes findet man eben dieselbe Pendelbewegung von der einen Seite zur andern. An dieser letzteren Stelle ist diese Bewegung unter allen die stärkste.

### 3.

Alle vorbenannten Bewegungen stehen, wie schon gesagt ist, unter der Gewalt desjenigen, der den Faden hält, und können von ihm nach Belieben (doch nur durch eine starke Anstrengung seines Willens) in eine vollkommene Ruhe oder jede andere der vorbenannten Bewegungen umgestaltet werden.

### 4.

Um diese Bewegungen hervor zu bringen ist es nicht nöthig, dafs der unterliegende Gegenstand ein Theil des menschlichen Körpers sey. Von einem Menschen aber mufs der Faden gehalten werden. Dabey ist es indessen wieder nicht nöthig, dafs derselbe dazu seinen Zeigefinger und Daumen ge-

brauche; er kann den Faden auch durch
andere Theile seines Körpers, z. B. mit den
Zähnen, festhalten.

### 5.

Jemehr Lebhaftigkeit auf beiden Seiten,
nämlich beym Festhalter und Unterlieger,
angetroffen wird, um desto lebhafter ist auch
die bey dem Versuch sich ergebende Bewegung.

### 6.

Bey den unter 1 und 2 angegebenen
Bewegungen meine ich zuweilen einige Ab-
weichungen bemerkt zu haben, und schrei-
be, ohne die Ursache davon angeben zu
können, die Schuld dem Unterlieger zu.
U. s. w. u. s. w.

9. [S. 50] Wiewohl die vorstehenden Fragen nicht eigentlich hierhin gehören, so
mögen sie aus Mangel an einem fügli-
chern, und weil ihr Inhalt doch immer
eine grofse Aehnlichkeit mit dem hier

Verhandelten hat, wenigstens geeignet ist,
uns zu Gemüthe zu führen, daſs wir
kluger thäten mit dem Unerklärbaren
glimpflicher um zu gehen, als wir zu
thun pflegen, den hier eingenommenen
Platz behalten.

10 ( S. 52) Ich nenne es eine unmittelbare
Vereinigung, ein geistiges Anschauen,
weil sie sich entweder blofs in ihren Kräften, ohne alle fremde Zwischenkunft, berühren, oder das Denkorgan des Hellsehenden durch die Denkkraft des Magnetiseurs auf eine ihm beliebige Weise af-
fiziret und gestimmet wird; oder umge-
kehrt, weil der Hellsehende sich des
Denkorgans des Magnetiseurs, als des seinigen, bedienet, oder besser, sich der
verborgensten Gedanken desselben ohne
sinnliche Zeichen bewust wird.

11. ( S. 63) Nicht blofs von dieser Aussage
gilt das hier Gesagte, sondern es gilt
auch von allen den Aussagen, die dieser
dem Inhalt nach verwandt oder ähnlich
sind.

12. [ S. 65. ] Die Hand auf's Herz! Würde *die Theorie der Geisterkunde* des nun ruhenden H. Jung so viel Aufsehen gemacht, einen so grofsen Absatz gehabt, so viele Leser gefunden haben, wäre dieselbe nicht so reichlich mit Belägen ausstaffiret? Die wenigsten seiner Leser befassen sich mit der Theorie dieser Theorie: aber selbst diese Wenigsten lesen mit immer reger Neugier, wenn auch zuweilen mit Achselzucken, den ihr beygefügten praktischen Theil. So sind wir Menschen!

13. ( S. 68. ) Unsere Körper sagen zwar nicht *wir*; indessen, in so fern dieses *Wir* durch sie ausgesprochen wird, können auch sie mit dem Geisterreiche in Verbindung stehen.

Außer dem verdoppelten s., welches fast überall anstatt sz. stehet, und einigen unrechten Unterscheidungszeichen, befinden sich im Büchlein noch folgende

## *Druckfehler.*

| Seite | Zeile. | | | |
|---|---|---|---|---|
| v. — | 7 | von oben | Auskericht | lies Auskehricht. |
| VIII.— | 5 | — unt. | umstreitig | — unstreitig. |
| 6 — | 12 | — oben | m. d. Geister auf | — der Geister mit – |
| 7 — | 3 | — — | nothwendigeres | — nothwendiges |
| 9 — | 8 | — unt. | | — von einer ganz verschiedenen. |
| 11 — | 11 | — — | Pſychologi | — Pſychologie. |
| 12 — | 8 | — oben | und | — und da. |
| 22 — | 4 | — — | bringenden Ringe | — bringende Ring. |
| 36 — | 9 | — unt. | diesen | — dieser |
| — — | 6 | — — | und | — uns |
| 56 — | 4 | — — | ihrem | — ihren |
| 70 — | 5 | — oben | können | — könne |
| 71 — | 11 | — unt. | einem | — einen |
| 72 — | 3 | — oben | neue | — nein. |

Ingram Content Group UK Ltd.
Milton Keynes UK
UKHW011835270423
420877UK00004B/421